사랑을 하려면 자기 자신부터
사랑해야 해요!

두근두근 사랑 수업

이다음에 커서 멋진 예술가가 될, 나의 막내딸 마르고에게
이 책을 선물합니다. -세르지 에페즈

사랑이 무엇인지 누구보다 잘 아시는,
나의 아버지 프랑수아 로테를 위하여! -플로랑스 로테 글라제

뫼동에 있는 마리탕-르낭 초등학교의 구에놀라 구에데즈 선생님과 나젤-네그롱에 위치한
발 드 시스 초등학교의 장 크리스토프 라 선생님과 학생들에게 고마운 마음을 전합니다.
또한 이야기 소재에 도움을 준 소피 보르데 페티옹에게도 감사드립니다.

두근두근 사랑 수업

세르지 에페즈·플로랑스 로테-글라제 글 | 엠마뉴엘 테이라스 그림 | 전혜영 옮김 | 조한혜정 감수

1판 1쇄 인쇄 2017년 10월 10일 | 1판 1쇄 발행 2017년 10월 20일 | 펴낸이 정중모 펴낸곳 톡
주간 이은아 책임 편집 서경진, 조정우 디자인 권순영 마케팅 김경훈, 김정호
제작 윤준수 홍보 김계향 관리 박지희, 조아라, 김다웅
등록 1988년 1월 21일(제406-2000-000202호) 주소 경기도 파주시 회동길 152
전화 031-955-0670 팩스 031-955-0661~2 전자우편 bbchild@yolimwon.com
홈페이지 www.bbchild.co.kr ISBN 978-89-6155-643-9 74100, 978-89-6155-246-2(세트)

C'est quoi être amoureux?
written by Serge Hefez · Florence Lotthé-Glaser, illustrated by Emmanuelle Teyras
Concept : Sophie Bordet

Original copyright © Bayard Éditions, 2012
All rights reserved.
Korean translation copyrights © Bluebird Publishing Co., 2017
Korean edition is published by arrangement with Bayard Éditions
through Sibylle Books Literary Agency, Seoul Korea.

이 책의 한국어판 저작권은 시빌에이전시를 통해 프랑스 Bayard Éditions와 독점 계약한 파랑새에 있습니다.
저작권법에 의해 한국 내에서 보호를 받는 저작물이므로 무단전재와 복제를 금합니다.
톡은 파랑새에서 만들었습니다.

어린이제품안전특별법에 의한 제품 표시
제조자명 톡 | 제조년월 2017년 10월 | 제조국 대한민국 | 사용연령 8세 이상

톡 생각을 톡(toc) 틔워 주고, 마음속에 담긴 이야기(talk)를 나눌 수 있는 책을 만듭니다.

세르지 에페즈·플로랑스 로테-글라제 글 • 엠마뉴엘 테이라스 그림 • 전혜영 옮김 • 조한혜정 감수

사랑을 하려면 자기 자신부터
사랑해야 해요!

두근두근 사랑 수업

꼬마 철학자 ❽

톡

사랑은 나를 세상에서
　가장 멋진 사람이 되게 해 주요.

누가 이 책을 만들었을까요?

프랑스의 초등학교 친구들과 선생님들

선생님과 학생들이 사랑과 우정에 대해 이야기 나눈 후, 학생들이 자신의 생각을 종이에 적어 비밀 상자에 넣어 주었어요.

세르지 에페즈 의사 선생님

피티에 살페트리에르 병원의 정신과 의사 선생님이자 심리분석가예요. 아동 및 청소년을 위한 정신병동의 가족치료센터를 책임지고 있으며, 여러 권의 책을 펴냈어요. 언론 매체에도 자주 출연하지요.

플로랑스 로테 글라제 글 작가

바야르쥐네스 출판사의 계열사 중 하나인 영어권 잡지사의 편집장이에요. 학생들의 질문과 세르지 에페즈 의사 선생님의 답변을 모아서 쉽고 재미있게 글로 써 주었어요.

엠마뉴엘 테이라스 그림 작가

글을 쉽고 재미있게 이해할 수 있도록 그림을 그려 주었어요.

전혜영 번역가

프랑스어로 된 글을 우리나라 독자들이 읽을 수 있게 우리말로 옮겨 주었어요. 이화여대 불어불문학과를 졸업하고 프랑스 렌 제2대학에서 불문학 석사와 박사 과정을 수료했어요. 영어와 프랑스어 강사 및 전문 번역가로 일하고 있어요.

조한혜정 박사님

문화인류학과 여성학을 전공하신 박사님은 모든 세대가 어우러지는 마을을 만드는 일에 힘쓰고 있어요. 특히, 또 하나의 문화, 하자센터에서 활동하면서 여성 문화와 청소년 문화를 다양하게 활성화시켰어요.

자유롭게 이야기 나누며 사랑을 배워요!

아이들은 점점 조숙해지고 어른들은 점점 미숙해지는 시대가 온 것 같습니다. 예전에 사춘기 나이에 하던 질문을 요즘은 예닐곱 살 친구가 합니다. "사랑이 뭘까?"라는 철학적 질문 같은 것 말입니다. 어쩌면 아이들이 옛날과 달리 혼자 있는 시간이 많아서일지도 모르겠습니다. 아이들은 혼자 있는 시간에 외로움을 느끼면서도 많은 것을 관찰하며 질문을 합니다. '배운다'는 것은 바로 그런 질문들을 꺼내 놓고 함께 이야기하는 것이 아닐까요? 그런 면에서 이 책은 큰 의미가 있습니다. 아이들의 마음속 질문에 대한 답을 함께 찾아가는 책이거든요.

프랑스에 있는 한 초등학교에서 학생들과 선생님들이 사랑과 우정을 주제로 자유롭게 이야기를 나눈 뒤, 각자의 생각을 종이에 적어 비밀 상자에 넣었다고 합니다. 그런 다음 비밀 상자에 담긴 질문 종이를 사랑에 대해 오랜 시간 연구한 전문가 두 분에게 보냈고, 두 분의 전문가는 정성껏 질문에 대한 자신의 생각을 적어 주셨지요.

이 책은 바로 비밀 상자 속 학생들의 질문과 그 질문에 대한 전문가의 생각을 아이들이 좀 더 쉽고 재미나게 읽을 수 있도록 그림까지 더해 만들어진 거랍니다. 그래서 이 책은 혼자 보는 것도 좋지만 어른과 아이들이 함께 읽으면 더 좋을 책입니다.

　프랑스 초등학생들처럼 책을 읽다가 질문이 생기면 비밀 상자를 만들어 질문을 모은 다음, 전문가를 모셔서 함께 이야기를 나누면 더욱 좋을 테지요. 그럼 우리 동네, 우리 학교에서도 한 권의 훌륭한 책이 나오지 않을까요? 동네별, 나라별로 사랑에 대한 생각과 사랑을 나누는 모습이 조금씩 다를 수도 있을 테고요.

　사랑하는 사람들과 사랑에 대한 이야기를 나누면서 풍성한 사랑 속에서 지내기 바랍니다.

　　　　　　　　　　　　　　　문화인류학자 조한혜정
　　　　　　　　　　　　　　　　　연세대학교 명예교수

차례

자유롭게 이야기 나누며 사랑을 배워요! **6-7**

사랑이란? **10-11**

사랑하면 왜 좋을까요? **12-13**

아기도 사랑을 느낄까요? **14-15**

어떻게 하면 사랑에 빠지나요? **16-17**

사랑 고백이 어려운 이유는 뭘까요?
왜 사랑에 빠진 사람을 놀릴까요? **18-19**

사랑에 빠지면 기분이 어떨까요? **20-21**

사랑하면 왜 항상 같이 있고 싶은 걸까요?
사랑을 잃은 슬픔 때문에 죽을 수도 있나요? **22-23**

못생겨도 사랑받을 수 있나요?
사랑하는 사람이 날 안 좋아해요 **24-25**

어른들은 헤어지고 싶을 때 어떻게 하나요?
두 사람을 동시에 사랑할 수 있나요? **26-27**

친구끼리도 왜 좋아하는 정도가 다를까요?
둘이서만 너무 친하면 다른 친구들에게 방해가 될까요? **28-29**

어떻게 하면 또래 집단에 들어갈 수 있을까요? **30-31**

나를 정말 좋아하는지 어떻게 알까요?
평생 친구가 가능할까요? **32-33**

나 때문에 화가 난 친구, 어떻게 달랠까요? 34-35

친구가 기분 나쁜 말을 할 때, 어떻게 해야 할까요? 36-37
성격이 못된 사람도 친구를 가질 수 있나요?

부모님은 왜 밤에 사랑을 나눌까요? 38-39
왜 사랑을 나누는 모습이 이상해 보일까요?

아기는 어떻게 생기나요? 40-41

입양아를 친자식처럼 사랑할 수 있을까요? 42-43
부모님을 싫어하는 자식이 있을까요?

아빠와 엄마 중 한쪽을 더 사랑할 수 있나요? 44-45

부모님은 평생 서로를 사랑할까요? 46-47

부모님이 싸울 때마다 마음이 아파요 48-49

자식을 사랑하지 않아서 부모님이 이혼하나요? 50-51

여동생이 커서 아빠랑 결혼한대요 52-53

형제끼리 결혼할 수 있나요? 54-55

형제끼리 왜 자주 싸우는 걸까요? 56-57

부모가 왜 자식을 학대할까요? 58-59
왜 자식을 버리는 걸까요?

지구에 사는 모든 사람을 사랑할 수는 없나요? 60-61

사랑을 표현해 봐요 62-63

사랑이란?

《사랑은 한 편의 시와 같아요.
눈으로 읽고, 마음으로 느끼며
점점 빠져들게 되지요.》

발 드 시스 초등학교의 6학년 학생이 한 말

사랑하면 왜 좋을까요?

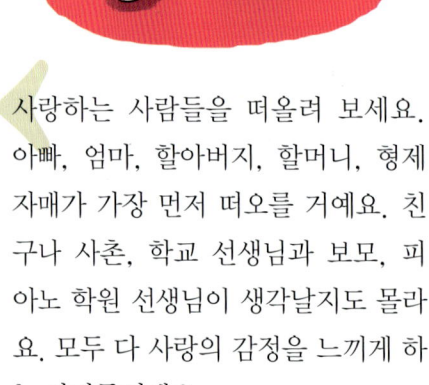

나는 여러분을 사랑해요!

《 사랑하는 사람들을 떠올려 보세요. 아빠, 엄마, 할아버지, 할머니, 형제 자매가 가장 먼저 떠오를 거예요. 친구나 사촌, 학교 선생님과 보모, 피아노 학원 선생님이 생각날지도 몰라요. 모두 다 사랑의 감정을 느끼게 하는 사람들이에요.

같이 있고 싶고, 속마음을 이야기하고 싶고, 안아 주고 싶은 것은 사랑을 하고 있다는 증거예요. **사랑하면 함께 있고 싶어지거든요.**

아기는 밥을 먹여 주고, 옷도 입혀 줘야 해요. 또한 아기가 원하는 것이 무엇인지 잘 살피며 사랑도 주어야 하지요. 하지만 아기에게만 사랑이 필요한 건 아니에요. 어른도 사랑이 필요하답니다!

사람은 누구나 다른 사람과 함께 있고 싶어 해요. 특히, 가족이나 친구들과 가까이 있고 싶어 하지요. 사랑하는

것은 참 중요해요! 이 세상에 사랑이 없다면, 아무도 살 수 없을 거예요. 대화도 할 수 없고, 자신의 기분을 털어놓지도 못하죠. 감정을 나눌 수 없다면 세상이 정말 끔찍할 거예요. **사랑하면 기분이 좋아져요. 마음이 따뜻해지고 사는 게 즐겁지요.** 또한, 상대에게 자신이 얼마나 중요한 사람인지 느낄 수 있어요. **그래서 살아 있다는 감정을 더욱 확실히 느껴요.**

함께 놀던 친구가 떠나면 마음이 텅 빈 것 같아요. 부모님에게 어리광부리는 동생을 보면 샘이 나고, 동생처럼 어리광을 부리고 싶어져요. 이성을 보고 심장이 두근거릴 때도 있어요. 사랑을 말해 주는 여러 가지 신호들이지요. 이런 기분을 느껴 본 적이 한 번도 없다면 심장이 로봇처럼 차가운 사람일 거예요.

아기도 사랑을 느낄까요?

태어난 지 얼마 안 된 **아기도 사랑을 느껴요.** 아기는 아빠와 엄마의 사랑을 통해 사랑을 배우지요. 부모와 자식은 이 세상에서 가장 중요한 관계예요. 우리가 태어나 **맨 처음 사랑을 느끼는 대상이 바로 부모님이니까요!**

자식에 대한 부모님의 사랑은 세상 그 어떤 사랑보다도 소중하고 중요해요. **어린 시절 부모님에게서 받은 사랑이 자신감을 키워 주기 때문이지요.** 자기 자신에 대한 믿음이 있어야 남도 믿을 수 있어요. 그래야 다른 사람을 진심으로 사랑할 수 있거든요. 또한, 어렸을 때 부모님에게 받은 사랑은 이성을 사랑할 때나 친구들과 우정을 쌓을 때 매우 중요한 역할을 해요.

사랑에는 여러 종류가 있어요. 부모님을 존경하는 것도 사랑이에요. 늘 티격태격하고 경쟁을 벌이지만 형제자매 사이의 우애도 사랑의 한 표현이지요. 친한 친구와 깊은 우정을 느끼는 것도 사랑이고요. 어른이 되어서 누군가를 처음 보는 순간 사랑에 빠지기도 해요.

아기가 사랑을 느끼는 공식!

우유
+ 쓰다듬기
+ 관심
+ 잠
+ 애정 어린 말
+ 안아 주기
+ 뽀뽀
_____
= 사랑

어떻게 하면 사랑에 빠지나요?

나 지금 막 사랑에 빠진 것 같아!

사랑에 빠진 이유를 말로 설명하기는 매우 어려워요. 반면에 우정은 대답하기 쉬워요. 왜 그 친구를 좋아하느냐고 물으면, 게임을 같이 하면 신나고, 서로 생각이 비슷해서 잘 맞는다고 대답하면 되니까요. 하지만 사랑은 그렇게 단순하지 않아요. **사랑에 빠지는 데는 사실 이유가 없어요.** 이성 간의 사랑은 부모님이나 가족, 친구에게 느끼는 사랑과는 완전히 달라요. 사랑에 빠지면 "많이 좋아해." "하늘만큼 땅만큼 좋아해." 란 말을 덧붙일 필요가 없어요. "사랑해!"라는 말 한마디로 충분하지요. 사랑은 사람이 느낄 수 있는 **가장 완전한 감정이라고 할 수 있어요.** 사랑에 빠지면 상대가 가장 중요한 사람처럼 느껴지고 자기 자신도 그만큼

꽃잎으로 연애 점치기

꽃잎을 한 장씩 떼어 내면서 이렇게 말해 보세요. "나는 널 조금 사랑해." "많이 사랑해." "아주 많이 사랑해." "미칠 듯이 사랑해." "전혀 사랑하지 않아."라고요. 마지막 꽃잎에서 어떤 대답이 나오는지 확인해 보세요. 꽃잎을 떼어 내면서 연애점을 치는 것은 사랑하는 감정을 꽃에게 온전히 맡기는 것과 같아요. 이성을 향한 사랑은 이렇게 자신의 의지와 상관없이 우연히, 사고처럼 일어나는 법이니까요. 그래서 다른 종류의 사랑과 많이 달라요.

중요하게 느껴져요. 그런데 왜 사랑에 '빠지다'는 표현을 쓸까요? 꼭 웅덩이나 함정에 빠지는 것 같잖아요. 사랑에 빠지면 주변 환경이 다르게 보이기 때문이에요. 첫눈에 반하면 자기 자신도 안 보이고, 온통 그 사람만 보이잖아요. 어쩌면 사랑이 우리의 마음 위로 '툭 떨어진다'는 의미일지도 몰라요. 우리가 **사랑하는 사람을 선택하는 것이 아니라 운명처럼 사랑이란 감정이 우리에게 찾아오는 거지요.**

오래전부터 사랑은 인간의 마음을 송두리째 앗아가기도 하고 강렬한 열정에 사로잡히게도 했어요. 그래서 사랑에 빠지면 상대와 사랑을 나누기 위해 육체적인 성관계를 하고픈 욕망까지 갖게 했답니다.

사랑 고백이 어려운 이유는 뭘까요?

《 어릴 때는 누군가를 좋아해도 **고백을 못 할 때가 많아요.** 고백을 어떻게 하는지 모르거나 성격이 소심해서 또는 놀림을 받을까 겁이 나서지요. 상대에게 거절당할까 봐 두려워서 말을 못 하기도 해요.

어른이 되어도 사랑 고백은 여전히 힘들어요. 사랑에 빠지면 행복하거나 불행하거나 둘 중 하나지요. 좋아하는 사람이 나를 좋아하면 행복하겠지만 싫다고 하면 아주 불행해질 테니까요.

누군가에게 "사랑해."라고 말하는 것은 마치 모험을 하는 것과 같아요! 그래서 쉽게 사랑 고백을 못 하고, 상대의 주변을 맴돌면서 눈치를 보지요. 상대도 자기처럼 말을 못 하고 있는 것은 아닌지 살피면서 말이에요. 상대에게 "사랑해."라는 말을 할 수 없는 것은 지극히 자연스러운 현상이에요. **정말로 누군가를 사랑하게 되면 자신감이 떨어져요.** 거절당하면 상처받을 수 있기 때문에 더욱 조심스러워지지요. 그런데 어떤 사람은 "사랑해."란 말을 너무나 쉽게 해요. 자신을 영화 속 주인공처럼 여기거나, 끊임없이 연애를 하고 싶거나 아니면 사랑에 대한 환상 때문이에요. 하지만 그런 고백을 한다고 해서 진정한 사랑을 한다고 말할 수는 없어요. 》

왜 사랑에 빠진 사람을 놀릴까요?

« 사랑에 빠지면 금방 티가 나요. 수업을 제대로 듣지 않고, 다른 사람이 하는 말을 건성으로 듣거든요. 머릿속은 온통 좋아하는 사람 생각뿐이지요. 그래서 다른 사람은 눈에 들어오지도 않아요! 어른도 마찬가지예요. 사랑에 빠지면 그 감정에 사로잡혀 다른 사람은 신경 쓰지 않게 돼요. 오로지 자신이 좋아하는 사람만 보여요. 심지어 상대가 눈앞에서 사라지면 불안감에 휩싸이죠.

사랑에 빠진 사람을 보면 어딘가 얼이 빠진 것처럼 보여요. 그러다 보니 주변 사람들의 놀림감이 되기 쉽지요. 아이들은 이성에 대해 호기심 반 장난 반의 마음을 가지고 있어서 사랑이란 감정을 가볍게 생각해요. 어떤 아이는 사랑하면 육체적인 사랑을 가장 먼저 떠올려요. 그래서 사랑이란 말이 나오면 **어색해하면서 웃지요.** »

사랑에 빠지면 기분이 어떨까요?

사랑에 빠지면 많은 것을 느낄 수 있어요! 사랑하는 사람을 생각하거나, 그 사람이 가까이 다가오면 가슴이 콩닥콩닥 뛰지요. **몸이 먼저 반응하는 거예요!** 심장을 나타내는 하트 모양이 사랑을 상징하게 된 것도 그 때문이지요. 사랑에 빠지면 얼굴이 새빨개지고 손에서 땀이 나요. 다리 힘도 풀리고요.

사랑하는 사람을 떠올리거나 눈앞에서 보게 되면, 마음이 요동치면서 **주체할 수 없는 감정이 들어요.** 사랑에 빠지면 정신이 번쩍 들기도 하고 행동이 빨라져요. 또 자꾸만 미소를 띠며 웃지요. **사랑은 매우 강한 감정이에요!** 자신이 영웅이 된 것처럼 느껴요. 사랑을 얻기 위해 이 지구에 태어난 용감한 영웅이 된 것 같지요.

어른처럼 사랑에 빠지기

여덟 살, 아니 열 살만 돼도 사랑에 빠질 수 있어요. 어른들이 어떻게 사랑을 하는지 상상하면서 자신도 어른처럼 하고 싶거든요. 하지만 어른과 똑같은 감정을 느낄 수는 없어요. 사랑을 나누기에는 아직 너무 어리니까요. 성관계는 어른이 되었을 때 비로소 할 수 있어요. 육체적인 사랑이 궁금하다면 어른이 될 때까지 기다리세요.

사랑하는 사람이 자신을 떠날까 봐 마음을 졸이기도 해요. 그래서 작은 일에도 예민해지고 쉽게 걱정하고 실망하지요. 사랑을 할 때 느끼는 감정은 참 복잡해요. 이 감정과 저 감정이 서로 이어진 것처럼 동시에 드니까요.
기분이 좋을 땐 땅바닥에 입을 맞추고 싶을 정도로 행복하지만, 기분이 나쁠 땐 땅속으로 숨고 싶을 정도로 비참해져요. 사랑에 빠지면 **작은 일 하나도 그냥 넘기지 않아요.** 입체 영화(3D 영화)처럼 하루하루 생동감이 넘치지요.

사랑하면 왜 항상 같이 있고 싶은 걸까요?

》 사랑에 빠지면 아기가 되는 것 같아요. 아기는 항상 부모가 옆에 있어 주길 원하며 눈에 안 보이면 울면서 보채지요. **사랑하는 사람에게 완전히 의지하는 거예요.**

연인들은 수시로 소식을 주고받으며 사랑을 확인해요. 상대가 자신을 사랑하는지, 자신을 변함없이 아끼는지 날마다 알고 싶어 해요. 항상 같이 있을 수는 없지만 마치 둘만 존재하는 세상에 사는 것처럼 행동하지요. 그곳에는 오직 두 사람과 두 사람의 사랑만 존재하는 것 같아요. 세상에 갓 태어난 아기에게 부모가 꼭 있어야 하는 것처럼 두 사람도 상대가 절실하게 필요해요.

사람들은 연인을 보고 '그들만의 세상'에 산다고 말해요. **상대만 바라보며 사니까요.** 주변 사람들은 눈에 들어오지도 않아요. 그러다가 시간이 지나면 친구들을 찾게 되고 각자 독립적인 생활을 해요. 상대에게 의지하지 않는 생활을 서서히 시작하는 거예요. 아기가 점차 부모 품을 벗어나는 것처럼요. 《

사랑을 잃은 슬픔 때문에 죽을 수도 있나요?

《 사랑에 빠지면 상대에게 마음뿐만 아니라 모든 것을 주고 싶어요. **행복하지만 그만큼 상대에게 의존하여 연약한 존재가 되고 말지요.** 어느 날, 상대가 떠나면 그 빈자리가 너무나 클 거예요. 삶이 송두리째 사라진 것처럼 허전하지요.

상대가 더 이상 날 사랑하지 않는다면, **세상에 혼자 남은 듯한 기분이 들 거예요. 너무 슬퍼서 살고 싶지 않을 수도 있어요.** 사랑하는 사람과 헤어진 후에 자살을 선택하는 사람도 있어요. 슬픔이 너무 큰 나머지 더 이상 살 가치가 없다고 생각한 거예요. 하지만 그런 마음이 들 때는, 친구나 부모님, 의사 선생님 아니면 심리 상담사를 찾아가 도움을 받아야 해요. 사랑의 슬픔을 극복하는 방법을 찾을 수 있을 거예요. 》

신화 속 연인

실제 연인이나 문학 작품에 등장하는 연인의 사랑 이야기를 들으면 모두 다 정말 열정적이에요. 켈트 족의 신화에 나오는 영웅인 트리스탄과 이졸데의 사랑 이야기도 그래요. 실수로 사랑에 빠지는 묘약을 마신 두 사람은 서로 사랑하게 되지요. 하지만 이졸데는 마크 왕과 결혼을 약속한 사이여서 결국 두 사람은 죽음을 통해서 사랑을 이룬답니다.

못생겨도 사랑받을 수 있나요?

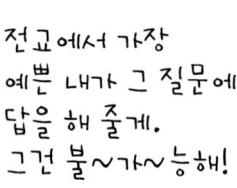

전교에서 가장 예쁜 내가 그 질문에 답을 해 줄게. 그건 불~가~능해!

❝ 당연하죠! **사랑하는 데 외모가 전부는 아니니까요.** 안 그러면, 〈미녀와 야수〉에서 미녀가 어떻게 야수를 좋아할 수 있겠어요! 사랑에 빠지면 상대의 외모, 성격, 지적인 수준 등 모든 것이 좋게 보여요. 눈동자, 별난 버릇, 심지어 단점까지요. 완벽한 사람을 만났을 때 사랑에 빠지는 것이 아니라, 사랑에 빠지면 그 사람의 모든 면이 완벽해 보여요. 그래서 사랑하면 눈에 콩깍지가 끼인다고 하는 거예요.

부모가 자기 자식이 세상에서 가장 잘생겼다고 생각하는 것도 사랑하기 때문이죠. 사랑을 하면 상대의 외모가 멋있게 보이거든요. 그래서 미녀가 무섭게 생긴 야수를 멋있다고 생각한 거예요! 사랑에 빠진 사람들은 금방 티가 나요. 그리고 사랑을 하면 정말 외모가 멋있어져요! 사랑하는 사람끼리 느낄 수 있는 특별한 변화지요. **상대의 눈빛 속에서만큼은 세상에서 가장 멋진 사람이 되기 때문이에요.** 물론 외모가 실제로 바뀌는 건 아니에요. ❞

사랑하는 사람이 날 안 좋아해요

내가 사랑하는 사람이 나를 좋아하지 않는다고 할 때만큼 **비참한 순간은 없을 거예요.** 이 세상에 그 사람 말고 다른 사람은 생각할 수조차 없는데 말이에요. 사랑은 삶의 의미를 부여해 주고, 성숙한 사람이 되게 해 줘요. 인생의 나침반과도 같은 상대를 잃게 되면 **왜 살아야 하는지, 무엇을 위해 살아야 하는지 몰라 방황할 수도 있어요.**

사랑에 실패하면 사랑에 빠지기 전에 자신이 좋아했던 모든 것들이 시시해져요. 극장에 가거나 친구를 만나고 운동하는 것에 완전히 흥미를 잃어버리지요. 자신을 쓸모없는 사람이라고 생각하며 자책할 수도 있어요.

왜 나를 사랑해 주지 않는 걸까?
왜 나는 관심받지 못하는 걸까? 사랑도 못 받는데 어떻게 자신감을 가질 수 있겠어? 이런 질문을 하면서 홀로 슬퍼하고 마음이 약해지지요. 그럴 때는 도움을 줄 수 있는 친구들을 만나야 해요. 여러분을 있는 그대로 좋아해 주고 잘 이해해 주는 친구들을 자주 만나세요.

어른들은 헤어지고 싶을 때 어떻게 하나요?

《 사랑하는 관계가 끝이 나면 마음이 참 아파요. 미련이 남은 사람에겐 더욱 그렇지요. **이별할 때는 상대에게 좋은 말을 해 주어야 해요. 당신은 좋은 사람이니 사랑받을 자격이 충분하다고 말해 주어야 해요.** 상대를 더 이상 사랑하지 않아도 상대의 '가치'를 존중해 주어야 하니까요. 사랑이란 감정은 참 알쏭달쏭해요. 언제 시작해서 언제 끝날지 아무도 몰라요. 중요한 건 상대에게 자신의 마음을 솔직하게 전달하는 거예요. 연인 사이에서 남으로 돌아가는 과정은 결코 쉬운 게 아니에요. 이별 통보를 받은 사람이 이별을 인정하지 않고, 화를 낼 수도 있어요. 깊은 슬픔에 빠지거나 절망할 수도 있고요. 이별은 친했던 누군가를 영영 잃는 것과 같아요. 그래서 자신이 사랑했던 사람을 다시는 볼 수 없다는 것에 익숙해지려면 시간이 많이 걸려요. 상대가 더 이상 나를 사랑하지 않는다는 것을 인정하고 더 이상 미련이 없을 때, 그제야 다시 새로운 사랑을 시작할 수 있어요. 》

두 사람을 동시에 사랑할 수 있나요?

《 그런 일은 불가능해요. 일단 사랑에 빠지면 다른 사람이 마음속에 들어올 자리가 없거든요. 상대에게 홀딱 반해서 밥을 먹는 것도, 잠을 자는 것도 잊을 정도니까요. 한마디로 그 사람의 매력에 푹 빠진 거죠! 연애를 시작하면 처음에는 세상에 둘만 있는 것처럼 아무도 눈에 들어오지 않아요. 하지만 시간이 흐르면서 열정도 점점 사그라지고 처음처럼 매력을 느끼지 않게 돼요. 사랑의 열정보다 친구 같은 안정감이 자리 잡지요.

당연한 현상이에요. **열정은 일시적이기 때문에 오랫동안 지속될 수 없어요.** 열정이 가라앉고 마음이 차분해지면 다른 사람이 눈에 들어와요. 지금 함께 있는 사람을 좋아하면서도 말이에요. 》

친구끼리도 왜 좋아하는 정도가 다를까요?

친한 친구끼리는 잘하는 것도, 좋아하는 것도 참 비슷해요. 그래서 우정을 나누기에 더할 나위 없이 좋지요. **자신과 비슷한 사람을 친구로 고르는 것 같아요.** 그래야 취미 생활을 함께 즐기고 자신의 생각을 자유롭게 표현할 수 있으니까요. 심지어 방학 때도 함께 놀죠.
유독 마음이 통하는 친구가 한 명쯤은 있을 거예요. 그 친구에게 사랑과 비슷한 열정적인 감정을 느끼지요. 물론, 사랑을 나누는 연인들과는 다르겠지만요. 그래서 가장 친한 친구가 나 말고 다른 사람과 친하면 질투가 나요. 친한 친구끼리는 자신의 감정을 솔직하게 털어놔요. 모든 것을 얘기하는 사이니까요. 질투나 분노처럼 부정적인 감정이 들 때도 솔직히 말하기 때문에 문제가 생겨도 원만하게 해결할 수 있어요.

우린 하나야!
영원한 우정을 위하여!

둘이서만 너무 친하면 다른 친구에게 방해가 될까요?

"두 친구가 수업 중에 계속 귓속말을 하고 쪽지를 주고받으며 눈빛을 교환해요. 이렇게 **둘이서만 너무 친하게 지내면 다른 친구들이 소외감을 느낄 수 있어요.** 우리는 자신과 얘기가 잘 통하는 친구와 추억을 만들고 각자의 비밀을 공유해요. 또 함께 울고 웃으면서 우정을 돈독하게 쌓지요.

그러다 보면 다른 친구들과 비교할 수 없는 **둘만의 끈끈한 우정이 생겨요.** 하지만 여러 친구들로 이루어진 또래 집단 안에서는 한 명하고만 친해지기 어려워요. 잘못하다가는 또래 집단에 분열이 생길 수 있고 편이 갈려 사이가 안 좋아질 수 있거든요. 가장 마음에 드는 친구하고만 자주 어울리고, 다른 친구들과 일정한 거리를 두면서 소소한 우정을 유지할 수도 있어요. **우정 역시 사랑만큼이나 복잡한 감정이에요.** 그래서 한 가지 종류의 우정만 가지기는 어려워요."

어떻게 하면 또래 집단에 들어갈 수 있을까요?

전학을 가게 되면, 새 학교에 아는 친구가 한 명도 없게 되지요. 이미 교실에는 친한 친구들끼리 또래 집단이 형성되어 있고요. 전학생에게 관심이 없고 적대적일 경우에는 친구 사귀기가 더욱 어려워요. 또래 집단이 거대한 성곽이라면 여러분은 그 성 안을 통과해야 하는 용사가 된 거예요. 친구를 새롭게 사귀는 일이 두렵나요? **당연해요. 모르는 사람과 가까워지는 일은 누구에게나 어려워요.** 늘 자신감이 넘치고 상황에 금방 적응하는 사람이라면 모를까 당연히 시간이 걸릴 수밖에 없어요.

일단, 들어가고 싶은 또래 집단을 잘 관찰하세요. 그런 다음 그중에서 자신과 성격이 비슷하고, 다가가기 쉬운 사람이 누구인지 찾아보세요. 찾았으면 그 친구가 혼자 있을 때 천천히 다가가 보세요. 이런저런 질문도 해 보고 집에 놀러 오라고 초대도 해 보세요. 숙제를 같이 해도 좋아요. 처음에는 그 친구하고만 친구가 되는 거예요.

그럼 그 친구가 자신의 또래 친구들에게 여러분을 소개해 줄 날이 올 거예요. 하지만 아무리 노력해도 또래 집단이 여러분을 받아 주지 않고, 공격적으로 대한다면 그만두세요. 그런 일은 거의 없겠지만 굳이 그런 또래 집단에 들어갈 필요는 없어요. 혹시 그런 일이 일어난다면 믿을 수 있는 어른에게 꼭 얘기하세요. 담임 선생님도 좋고 부모님도 좋아요.

나를 정말 좋아하는지 어떻게 알까요?

《 우정도 사랑처럼 마음으로 느낄 수 있어요. 말로는 좋아한다고 하면서 어떤 도움이나 돈을 얻기 위해 친구가 되려는 사람도 있어요. 그런 사람은 진정한 친구라고 할 수 없어요. 시험 답안을 보여 달라고 하거나 돈을 달라고 한다면, 그 친구는 좋은 친구가 아니에요.
친구와 맺는 관계를 우정이라고 해요. 서로 비밀을 털어놓으며 속내를 이야기하는 사이지요. 친구가 다른 사람에게 둘만의 비밀을 얘기한다면 결코 좋은 친구가 아니에요. 또한, 참된 친구라면, 상대가 잘못된 선택을 했을 때, 따끔하게 충고할 수 있어야 해요.
친구란 존재는 자기뿐만 아니라 친구를 위해 행동하고 말하지요. 》

평생 친구가 가능할까요?

그 놀이 기억나?

그럼! 기억나고 말고.

물론이죠! 나이가 들어서도 어릴 적 친구들을 계속해서 만나는 사람이 많아요. 우정은 한번 제대로 맺어지면 꾸준히 이어져요. 사랑처럼 불꽃 튀는 감정이 아니라 만나면 편한 관계이니까요. 어린 꼬마 때부터 청소년기를 지나 성인이 되어서까지 계속되는 우정이라면, **그 친구는 인생의 동반자와 같아요.**
어른이 되어 각자 다른 직업을 가져도 친구 관계는 달라지지 않아요. 장관이든 록 가수든 어렸을 때부터 보아 온 사이라 허물없이 이름을 부르며 편하게 지낼 테니까요. 친구는 좋은 시절과 힘든 시절을 다 같이 보낸 사람이에요. 내가 힘들 때 옆에서 도움을 준 소중한 사람이지요. 오랜 시간 우정을 함께 나눈 친구는 우리에게 두 가지 선물을 주지요. **바로 자신감과 변함없는 믿음이에요!**

나 때문에 화가 난 친구, 어떻게 달랠까요?

> 가장 친한 친구에게는 무엇이든 말할 수 있어요. 자신의 일상과 떼려야 뗄 수 없는 사람이기에 모든 것을 함께하지요. 친구가 나 때문에 기분이 상해서 대화를 거부하면 마음이 아파요. **너무 슬퍼 아무 일도 하고 싶지 않아요.**
> 아무리 친한 친구라도 서로 다투게 되면 목소리부터 커져요. 듣기 싫은 말을 하거나 심하면 욕을 하기도 해요. 상처받은 친구는 자신이 아픈 만큼 상대도 똑같이 아파야 한다면서 더 모질게 대꾸해요. 실제로 그렇게 생각하지 않더라도 일부러 아픈 말만 골라서 하지요. 그러면 싸움은 걷잡을 수 없이 커지게 되지요.
> 더 이상 말도 하지 않고 아는 척도 안 하는 사이가 되기도 해요. 많은 시간

을 함께한 친구와 헤어지면 마음이 몹시 아파요. 시간이 지나 화가 가라앉으면 상대에게 했던 모진 말들이 후회스럽지요.

화해를 하리면 자존심을 버려야 해요. **상대에게 가서 자신의 솔직한 마음을 표현하는 게 중요해요.** 쉬운 일은 아닐 거예요. 하지만 상대가 자신을 어떻게 평가할지 걱정하거나, 자신을 비웃지는 않을지 고민하기 전에 먼저 손을 내밀 줄 알아야 진짜 친구예요. **진심으로 상대에게 다가가면, 상대도 그 마음을 알 거예요.** 진정한 친구는 마음으로 느낄 수 있어요. 상대가 다가오기를 기다리기보다는 먼저 용기 내어 다가가 보세요.

친구가 기분 나쁜 말을 할 때, 어떻게 해야 할까요?

다른 사람의 기분을 상하게 하는 말을 하는 것은 사랑받는 것이 익숙하지 않기 때문이에요.

친구가 나에게 기분 나쁜 말을 한다면 자신감이 없다는 거예요. 현재 자신이 불행하다는 것을 그렇게 표현한 것일 수도 있어요. 여러분은 그 상황을 참고만 있어서는 안 돼요. **친구란 서로 행복을 나누는 관계이지 고통을 주기 위한 관계가 아니니까요.** 그런 친구를 눈감아 주는 일이 그 친구의 행복을 위한 길도 아니고요. 이러한 상황은 모두에게 피해만 줄 뿐이에요. 친구가 기분 나쁜 말을 계속한다면 본인을 위해서도, 상대를 위해서도 멈추게 해야 해요.

가장 믿을 수 있는 어른들(담임 선생님, 부모님)에게 말하세요. 친구가 잘못된 습관을 고칠 수 있도록 도움을 청하면 돼요. 그런 다음에 친구가 어떻게 변하는지 지켜보고, 전혀 바뀌지 않는다면 다른 친구를 찾으세요!

성격이 못된 사람도 친구를 가질 수 있나요?

성격이 고약한 이유

미셸 오슬로의 만화 영화 <키리쿠와 마녀>에는 '카라바'라는 못된 마녀가 나와요. 사람들은 카라바가 무서워 카라바 근처에도 가지 못해요. 그런데 키리쿠는 카라바의 몸에 꽂혀 있던 가시를 뽑아 주었어요. 사실 카라바가 심술을 부렸던 이유는 가시 때문이었어요. 가시가 사라지자 마녀의 고약한 성격도 함께 사라졌지요.

성격이 못된 아이들은 서로 끼리끼리 어울려 지낸다고 말해요. 하지만 태어날 때부터 성격이 나쁜 사람은 없어요. **남에게 못되게 군다는 것은 지금 행복하지 않다는 뜻이에요.** 공격적인 사람은 자신감이 없고 짜증을 잘 내고 다른 사람과 관계 맺는 것을 두려워해요.

성격이 고약한 사람일수록 친구가 질실하게 필요할지도 몰라요. 도움이 필요한데 어떻게 말해야 할지 몰라 괜히 못되게 구는 거예요. 여러분이 먼저 손을 내밀고 도와주면, 따뜻한 우정의 힘으로 분명 성격이 바뀔 거예요.

부모님은 왜 밤에 사랑을 나눌까요?

"어른은 서로 사랑하면 뽀뽀도 하고 포옹도 해요. 육체적인 사랑을 나누며 기분 좋은 시간을 보내요. **서로의 몸에 매력을 느끼고 상대를 원하거든요.** 성적인 욕구를 느낀 남자는 여자와 육체적인 관계를 맺기 위해 생식기에 변화가 일어나요.

물론 상대를 사랑하지 않아도 단순한 즐거움을 위해 육체적 관계를 가지는 사람도 있어요. 하지만 마음으로 사랑하는 사람과 육체적 사랑을 나눌 때 그 기쁨은 훨씬 크지요. 부모님이 밤에 사랑을 나누는 것과 여러분이 친구를 좋아하는 것은 서로 다른 종류의 사랑이에요.

부모님은 육체적인 사랑도 나누어요. 육체적인 사랑을 나눌 때는 질투심이나 감정이 격해질 때도 있어요. 하지만 육체적 사랑은 상대와 더 친밀감을 느끼게 하지요."

왜 사랑을 나누는 모습이 이상해 보일까요?

》 **아이들은 어른들만 육체적 관계를 가질 수 있다고 생각해요.** 그래서일까요? 육체적 관계에 대해 궁금한 게 참 많아요. 남자와 여자의 생식기가 왜 다르게 생겼는지, 그 기관이 어떤 역할을 하는지, 밤에 부모님이 침실에서 어떻게 사랑을 나누는지 등등요. 하지만 부모님의 육체적 사랑을 직접 보고 싶어 하지는 않아요. 동물들이 짝짓기를 하는 모습을 연상시키기 때문이래요. 또 사회적으로 성적인 것에 대해 말하는 것을 꺼리는 분위기도 있고, 자신의 알몸을 남에게 보여 주거나 상대의 몸을 만지면 안 된다고 배웠으니까요.

아이들에게 성욕은 신비스러우면서도 불편한 대상이에요. 어른들이 뽀뽀를 하거나 영화 속에서 사랑을 나누는 장면이 나오면 괜히 얼굴이 빨개지고 당황스러워하지요. 이런 반응은 지극히 정상적인 거예요. 사람들이 입을 맞추고 서로 껴안는 모습이 보기 불편하다면 시선을 다른 쪽으로 돌리면 돼요. 다른 일에 집중하거나 그 공간을 떠나면 그만이니까 걱정하지 말아요. 》

아기는 어떻게 생기나요?

" 성인인 남자와 여자가 육체적으로 사랑을 나누면 돼요. 두 사람은 입을 맞추고 포옹을 해요. 그러다가 서로의 몸이 딱 달라붙은 것처럼 꼭 껴안고 사랑을 나누지요.

남자는 성욕이 생기면 생식기가 단단해지고 여자의 생식기는 축축해져요. 사랑을 나누다가 기쁨이 최고로 느껴질 때, 남자의 생식기에서 정자들이 쏟아져 나와요. 이 정자들이 여자의 질 안쪽으로 헤엄쳐 들어가지요. 1억 마리가 넘는 정자들이 여자의 난자에 도달하려고 애를 써요. 하지만 자궁 깊숙한 곳까지 가려면 긴 여행을 해야 돼요.

자궁은 미래의 아기가 태어날 주머

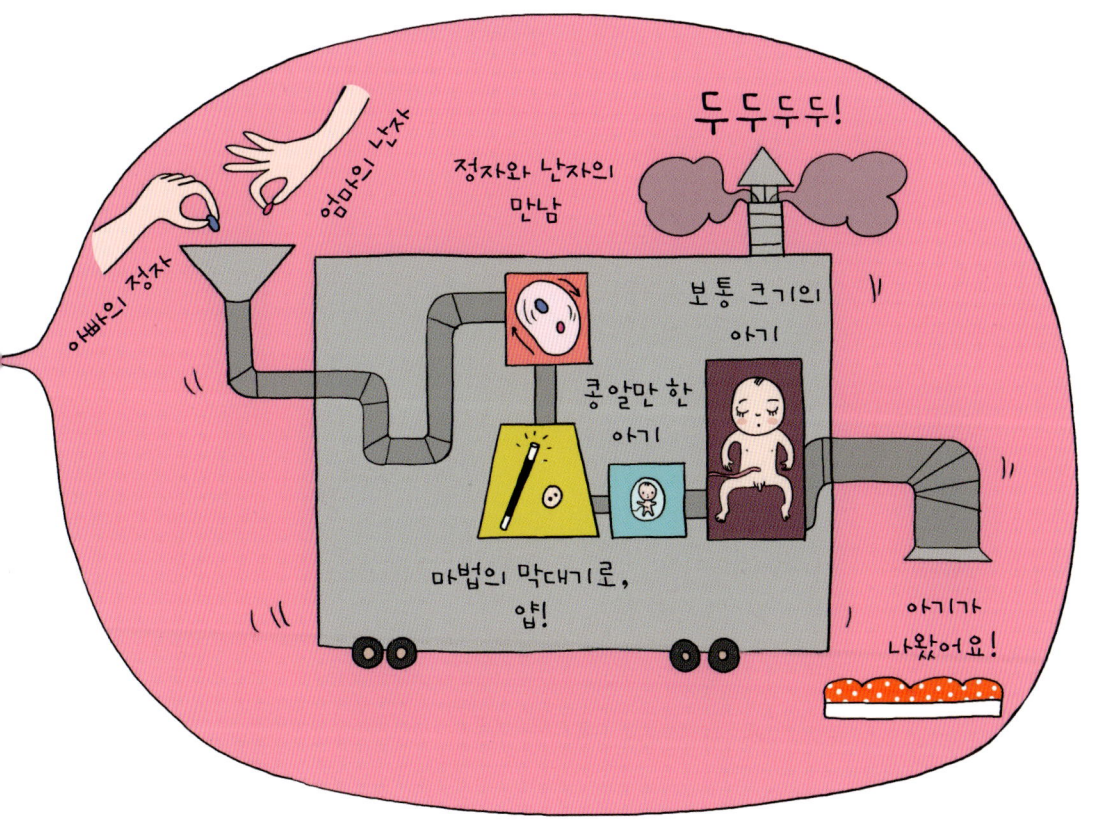

니와 같은 곳이에요. 대부분의 정자들은 난자가 있는 곳까지 가지 못해요. 난자를 뚫고 그 안으로 들어가는 성사가 생기면 엄마의 몸에서 아기가 만들어지는 거예요.

부부에게 아기를 낳을 수 없는 문제가 생기기도 해요. 그럴 때는 의사가 정자와 난자가 잘 만나도록 도와주는 역할을 하지요. 정자와 난사가 만나는 데 성공하면 수정란이 만들어져요. 이 수정란이 엄마 배 속에서 아홉 달 동안 쑥쑥 크는 거예요.

드디어 부모님의 사랑을 듬뿍 받은 아기가 태어나요. **사랑의 결실인 새 생명이 탄생한 거지요.**

입양아를 친자식처럼 사랑할 수 있을까요?

» 자기 몸으로 낳은 자식만 사랑한다는 법은 없어요. **진정한 부모라면 자식에 대해 전적으로 책임질 수 있어야 해요.**

부모는 아이를 진심으로 사랑하고 보호하고 지켜 주어야 해요. 먹을 것을 제때 챙겨 주고 병원과 학교에도 잘 데려가야 하지요. 아이가 건강하게 자랄 수 있도록 부모가 옆에서 잘 돌봐 줘야 해요. 아이에게 친구가 생기면 집에 불러서 놀게도 하고요. 아이를 입양한 부모는 친자식 못지않게 아이를 사랑해요. 자신이 낳은 아이나 다름없이 생각하니까요. **그런 게 바로 사랑의 힘이에요!** «

부모님을 싫어하는 자식이 있을까요?

〈〈 부모는 자식에게 해야 할 것과 하지 말아야 할 것을 엄격하게 가르쳐요. 아이가 잘못하면 호되게 꾸짖기도 하고요. 그러면 아이는 부모님을 미워하는 마음이 생겨요. 하지만 곧 미움의 감정은 언제 그랬냐는 듯 사라지고, 부모와 자식 사이는 다시 평온해진답니다.

자식이 부모에 대해 부정적인 감정을 느끼는 것은 사랑의 또 다른 표현이에요. 사랑할 때 늘 좋은 감정만 생기는 것은 아니니까요! 내가 상대를 좋아하는 만큼 상대가 나를 좋아해 주지 않을 때가 있잖아요. 그래서 사랑할수록 질투심도 잘 느끼고 서운하면 바로 화도 나고 그러는 거예요.

우리는 사랑하는 사람에게 모진 말도 잘해요. 부끄러워할 필요 없어요. **사랑의 반대는 증오가 아니라, 바로 무관심이니까요.** 〉〉

아빠와 엄마 중 한쪽을 더 사랑할 수 있나요?

최고의
부모
뽑기 대회

과거에는 아빠가 엄격하게 아이를 통제하는 역할을 했어요. 하지만 요즘은 부모가 서로 반반씩 분담하지요. 그래서 아빠를 엄마보다 좋아하는 아이도 있고, 엄마를 아빠보다 좋아하는 아이도 있어요.
아이가 엄마와 집에서 시간을 많이 보낸다면, 아이는 엄마와 있을 때 편안함을 느껴요. 그래서 아빠보다 엄마를 더 좋아하게 되지요.
하지만 아이와 시간을 많이 보내는 만큼 엄마는 아이를 혼내는 일도 잦아요. 그래서 아이는 아빠를 자신을 구해 줄 영웅처럼 느낄 수 있어요. 그

러다가 엄마보다 아빠를 더 좋아할 수 있어요. 축구를 할 때는 아빠가, 품에 쏙 안기고 싶을 때는 엄마가 더 좋을 수 있어요. **자식은 엄마 아빠를 모두 다 사랑해요. 물론 두 사람을 좋아하는 이유는 다르지요. 아빠와 엄마 중 누가 더 좋은지 물어보면 자식 입장에서는 대답하기가 참 힘들어요.** 아이에게 사랑을 표현하는 방식 역시 부모마다 다르고요.

부모님은 평생 서로를 사랑할까요?

사랑이 영원하길 바라면서 가정을 꾸려요. 물론, 영원한 사랑이 존재할 수도 있어요. 시간이 지나면서 사랑도 조금씩 변한다는 것을 인정한다면 말이에요. 처음 만났을 때의 열정이 계속 이어질 수는 없어요. 처음 만나 사랑에 빠지는 순간에 느끼는 격렬한 사랑은 일시적인 거니까요. 처음에는 상대에게 너무 집중한 나머지 둘 사이의 다른 점이 눈에 띄지 않아요. 서로 한 몸이 된 것처럼 부부가 되지요. 하지만 이런 시간이 영원히 지속될 수는 없어요.

결혼을 하고 2~3년이 지나면 부부 사이에는 격렬한 열정보다는 편안한 안정감이 더 크게 자리 잡아요. 이러한 변화에 실망할 수도 있어요. 처음처럼 사랑할 수 없다는 것을 인정해야 하지요. 또 서로 좋아하는 정도가 다를 수도 있고요. 부부 관계를 오래 유지하려면 서로 맞춰 가는 과정이 꼭 필요해요. 다투기도 하고 부부 사이에 위기가 찾아올 수도 있어요. 이 과정을 극복하지 못한 부부들은 별거를 하거나 이혼을 해요. **열정적인 사랑이 편안한 정으로 변하는 과정 역시 어쩌면 사랑의 한 모습일 거예요.**

부모님이 싸울 때마다 마음이 아파요

야옹아, 이럴 땐 그냥 쥐 죽은 듯 가만히 있어야 해.

숨 쉬기 위해 산소가 필요하듯 아이들은 부모의 사랑을 느끼며 자라야 해요. 그래야 사랑의 소중함을 어렸을 때부터 알게 되니까요. 부모가 말다툼하는 모습을 보면 아이들은 걱정부터 앞서요. 엄마와 아빠 중 한 사람을 선택해야 할지도 모른다는 불안감을 느끼거든요. 부부 사이에 다툼이 있는 건 자연스러운 일이에요. **항상 서로의 의견이 같을 수는 없어요.** 자신의 의견을 내세우다 보면 목소리가 커질 수도 있고요.

엄마와 아빠가 서로 말다툼한다는 것은 서로 사랑한다는 거예요. 상대에게 내가 중요한 사람이고 싶은 마음이 아직도 있다는 뜻이거든요. 상대가 자신에게 무관심하거나 애정 표현을 잘 안 하면 애정이 식었다고 생각해요. 서운한 마음을 말로 표현하지 못하고 속으로만 끙끙 앓기 때문에 **부부 사이에 보이지 않는 긴장 관계가 말다툼으로 이어지지요.**

부모님이 갑자기 말다툼을 한다면, 모른 척하는 것이 좋아요. **두 분이 문제를 해결하고 화해할 때까지 충분한 시간을 가질 수 있도록** 여러분은 조용히 자기 방에 들어가 있으세요.

자식을 사랑하지 않아서 부모님이 이혼하나요?

》 부모는 자기 자식을 세상 그 누구보다도 사랑해요. **부모의 자식 사랑은 이혼 전이나 후나 변함없어요.** 부모가 이혼하는 이유는 자식을 사랑하지 않아서가 아니라 두 사람의 사랑에 금이 갔기 때문이에요.

이혼한 부모는 늘 자식에게 미안해서 마음이 아프고 괴로워요. 아빠와 엄마가 함께 사는 모습을 더 이상 아이에게 보여 줄 수 없으니까요. 아이들은 부모가 함께 있는 모습을 보고 싶어 해요. 두 사람이 만나 사랑해서 결혼했으니까요. 부모가 이혼을 하면 아이들은 아빠와 엄마 중 한쪽 부모를 선택해야 해요. 그렇게 아이들은 헤어진 두 부모를 이어 주는 연결 고리가 되지요.

이혼을 하더라도 부모의 자식 사랑에는 변함이 없어요. 중요한 것은 이혼을 하더라도 부모가 서로에게 화내는 모습을 아이에게 보여 주지 말아야 한다는 거예요. 아이의 양육을 맡은 쪽은 어쩔 수 없이 상대와 대화를 나누어야 하는데 그때마다 의견 다툼이 벌어질 수 있거든요.

헤어졌든 한집에 같이 살든, 부모는 언제나 자식을 사랑해요. 부모님이 이혼할까 봐 걱정되거나 이혼한 부모 때문에 마음이 아프다면, 주변에 믿을 수 있는 어른을 찾아가 이야기해 보세요. 아니면 심리 상담가를 찾아가 고민을 해결해 보세요. 여러분의 얘기를 누군가가 들어 주고 공감해 주면 슬픔도 반으로 줄어들 거예요. 》

여동생이 커서 아빠랑 결혼한대요

두 살부터 다섯 살 사이에 아이들은 남자와 여자의 성이 다르다는 것을 알기 시작해요. **남자아이는 엄마를 좋아하고** 아빠를 밀어내요. 반대로 **여자아이는 아빠와 같이 있고 싶어 하고,** 엄마를 질투해요. 어려서부터 자연스럽게 자신이 매력적으로 느끼는 성을 알아 가는 과정이지요. 청소년기까지는 부모가 세상에서 가장 완벽한 이성이에요. 딸은 아빠가 세상에서 가장 멋지고 힘이 세다고 생각해요. 아들은 엄마가 세상에서 가장 친절하고 예쁘다고 생각하지요. **아이들은 세상에서 부모를 가장 사랑해요. 이상적인 모델이니까요.** 그래서 아빠 또는 엄마랑 결혼하겠다는 말을 하지요. 부모가 서로 사랑하는 모습에 질투를 느끼는 아이일수록 더 그래요. 하지만 사춘기가 찾아오면 신체적인 변화가 일어나요. 그러면서 부모님을 바라보는 시각도 바뀌지요. **아이들은 점점 부모로부터 독립적인 존재가 되어요.** 가족 외에 다른 사람에게 신경을 쓰기 시작하고, 동성 친구나 이성 친구에게 관심을 갖지요.

자, 다시 정리할게!
엄마 아빠하고는 결혼할 수 없어.
형제자매끼리도 결혼할 수 없고.
자식과도 결혼할 수 없어.
삼촌이나 이모, 고모와도 당연히 못 하지.
참, 모르는 사람하고는
절대 뽀뽀하면 안 돼!
(두꺼비하고는 해도 돼. 혹시 알아? 입을
맞추는 순간, 두꺼비가 멋진 왕자님으로
변할지.)

오이디푸스 콤플렉스

오이디푸스는 그리스 신화에 나오는 인물이에요. 어느 날 한 예언자가 "오이디푸스가 크면 아버지를 죽이고 어머니와 결혼한다."라고 경고했어요. 그래서 오이디푸스의 부모는 아들을 먼 곳으로 보냈지만 예언대로 되고 말았죠. 뒤늦게 자신이 한 일을 알게 된 오이디푸스는 자책하며 자신의 눈을 찔러 눈을 멀게 했어요. 정신 분석학의 창시자인 지그문트 프로이트(1856~1939)는 이 신화에서 영향을 받아, 자신과 성이 다른 부모와 결혼하고 싶어 하는 자식의 성적인 욕망을 '오이디푸스 콤플렉스'라고 이름 붙였어요.

형제끼리 결혼할 수 있나요?

제 쌍둥이 형이 제 아내의 여동생과 결혼했어요.

» **문명화된 사회에서는 가족끼리 결혼하는 것이 법으로 금지되어 있어요.** 남매끼리 또는 친척끼리 결혼하면 유전병에 걸릴 확률이 높기 때문이에요. 또한, 가족이 다른 가문과 결혼해야 가족의 수를 늘리기 쉽고, 새로운 문화를 받아들일 수도 있지요.

사회생활을 잘하려면 나와 다른 집단에 속한 사람들과 어울릴 줄 알아야 해요. 물론 어렸을 때는 아빠 또는 엄마와 사랑에 빠져서 부모와 결혼을 한다고 고집을 부릴 수 있어요. 남매 사이도 마찬가지예요. **남매라도 사이가 너무 좋으면 둘**

이 사랑에 빠졌다고 생각할 수 있어요! 부모처럼 오빠나 누나가 이상적인 모델이 될 수 있으니까요. 자기보다 키도 크고, 할 줄 아는 것도 많기 때문에 멋있어 보이는 거예요. 그래서 오빠나 누나를 좋아하게 되지요.
남매 사이에 사랑만 느끼는 것은 아니에요. 경쟁심과 질투도 느껴요. 이러한 감정은 상대를 좋아하면서도 가질 수 있어요. **하지만 연인 사이처럼 성적인 접촉은 할 수 없지요.** 한 부모 밑에서 태어난 가족이니까요.

형제끼리 왜 자주 싸우는 걸까요?

형제끼리 싸우는 건 당연해요! 집에서 같이 놀고 많은 일을 함께 하니까요. 또 서로 비교하게 되어 질투심도 쉽게 느껴요. 부모의 사랑을 독차지하고 싶기 때문에 관심이 다른 형제에게 쏠리면 기분이 나빠요. 하지만 부모는 모든 자식을 똑같이 사랑해요. 그런데도 형제들은 자기를 가장 많이 사랑해 주길 바라요. 부모는 자녀의 나이나 성격에 따라 자식을 대하는 방법이 달라요. 예를 들어 큰 아이보다는 어린아이를 더 많이 안아 주지요. 마찬가지로 자녀들이 원하는 것도 다 다르고요.

형제들끼리도 경쟁심을 느껴요. 공부를 하거나 운동을 할 때 누가 더 잘하는지 서로 경쟁하지요. 그러면서 부모님에게 더 인정받으려고 애써요. 이런 경쟁심은 형제들 사이에 불화를 낳기도 해요.

하지만 형제애만큼 진한 사랑도 없어요. 그 어떤 사랑으로도 대신하지 못해요. 형제끼리만 나눌 수 있는 애정이 있어요. 어린 시절, 가족에 대한 추억, 부모의 사랑, 사소한 습관들, 다시 들어도 웃긴 농담들은 형제 아닌 다른 사람은 절대 공감할 수 없는 것들이에요.

부모가 왜 자식을 학대할까요?

»**사랑이 뭔지 잘 모르는 부모도 있어요.** 불우한 어린 시절을 보냈거나 부모에게 버림받은 경우에 더욱 그래요. 자식에게 다정하게 말하고 안아 주고, 관심을 가져 주면서 애정 관계를 만드는 법을 부모로부터 배우지 못한 거예요. 그래서 자신 또한 자식을 사랑하는 부모가 되지 못해요. 어떻게 사랑하는지 방법을 모르기 때문이지요.

스스로 불행하다고 느끼는 부모는 자식을 학대해요. 자기 자신에 대해 부정적인 생각을 가진 사람은 자식 또한 부정적 시각을 갖고 바라보지요.»

아동 학대 112로 신고하기

아동학대는 전화번호 112로 신고하면 되어요. 문자로 신고해도 된답니다. 언어폭력, 신체 폭력, 성폭력은 언제든지 신고할 수 있어요. 누군가가 여러분을 괴롭힌다면, 사랑하는 사람이 여러분을 힘들게 한다면 망설이지 마세요. 친구 중에 이런 고통을 겪고 있지만 신고를 두려워하는 아이가 있다면 옆에서 꼭 도와주세요.

> **왜 자식을 버리는 걸까요?**

《 어릴 적 부모로부터 학대를 받고 자란 사람들이 나중에 자기 자식을 버리는 걸까요? 경제적 형편이 너무 어려워서 자식을 버리는 걸까요? **자식을 제대로 키울 능력이 없거나 자식을 불행하게 만들지도 모른다고 생각한 부모들이 양육을 포기해요.** 자신이 직접 키우는 것보다 더 좋은 가정으로 입양 보내는 것이 낫다고 생각하는 거예요. 부모 스스로 자식을 보살필 수 없거나 학대할지도 모른다는 생각이 들면 차라리 그편이 나을지도 몰라요. 입양된 가정에서 사랑을 듬뿍 받고 친부모가 줄 수 없는 것들을 누리면서 행복하게 살 수도 있으니까요. **믿기 힘들겠지만 때로는 과감하게 포기하는 것도 용기 있는 선택이 될 수 있어요.** 》

지구에 사는 모든 사람을 사랑할 수는 없나요?

사람이 느끼는 **감정은 참 다양하면서도 복잡해요.** 친구를 좋아하면서도 샘이 나기도 하니까요. 특히, 친구에게 좋은 일이 생기면 괜히 배가 아프기도 하지요. 부모님도 마찬가지예요. 엄마 아빠를 사랑하지만 나랑 의견이 다를 때는 화가 나요. 심하면 엄마 아빠와 사이가 나빠지기도 해요. **좋아하는 사람에게 경쟁심, 질투심, 증오를 느낄 수 있어요.** 상대와 다투었거나 상대가 나를 무시한다고 느낄 때, 부정적인 감정을 느낄 수 있지요. 인류는 끊임없이 전쟁을 해 왔어요. 남이 가진 것을 탐내기 때문이에요. 남보다 더 많은 재산을, 더 많은 땅을 가지고 싶어 하죠. 그러면 상대에 대해 부정적인 감정이 생겨요. 그러다가 결국 상대를 '적'으로 여기

게 돼요. 전쟁을 해서라도 적을 무찔러야 한다고 생각하지요.
사람들이 증오를 품는 이유는 또 있어요. **바로 차이에 대한 두려움 때문이에요.** 피부색이 다른 민족을 차별하고, 언어나 종교가 자신과 달라도 인정하지 않으려고 해요. 나와 다른 문화권의 특징을 이해하려고 노력한다면 차이에 대한 두려움이 사라질 거예요. 나와 다르다고 해서 나쁜 건 아니예요. 다른 사람에게 마음을 열수록 관대한 사람이 되는 법이지요.
주위에 있는 사람을 사랑하려면 먼저 자기 자신을 사랑해야 해요. 자존감이 있어야 사랑도 할 수 있거든요. 자존감을 높이는 일이 쉽지는 않아요. 시간이 많이 걸릴 수도 있어요.

사랑을 표현해 봐요

사랑하는 사람에게 자신의 감정을 전달하는 방법은 가지각색이에요.

우선 신체적인 접촉이 있어요! 엄마 아빠 품에 안겨 있으면 정말 사랑받고 있다는 느낌이 들잖아요!(어른이 되면, 사랑하는 연인을 꼭 껴안지요.) 사랑하는 사람의 몸을 만지는 것만큼 행복한 일은 아마 없을 거예요.

사랑하는 사람과 한 공간에 같이 있는 것만으로도 충분할 때가 있어요! 언니나 누나와 케이크를 만드는 시간, 가족이 오순도순 둘러앉아 놀이를 하는 시간, 가장 친한 친구 또는 할아버지와 조용히 대화를 나누는 시간, 친구와 재미난 농담에 큰 소리로 웃는 시간 등을 보내며 상대에게 자신이 얼마나 사랑하고 있는지 보여 줄 수 있어요. 이런 시간은 정말 마법 같은 시간이죠.

다정한 말과 친절한 행동은 사랑의 또 다른 표현이에요.
"오늘 원피스 입은 모습이 너무 예뻐요."
"수학 시험 잘 볼 거야."
"엄마가 만들어 준 케이크가 너무 맛있어요!"
사랑하는 사람에게 칭찬과 격려를 자주 해 주세요. 이런 말을 들으면 기분이 좋아지거든요. 또한, 내가 상대를 얼마나 좋아하는지 자상한 말과 행동으로 증명해 줄 수 있지요.

상대를 도와주는 것도 사랑의 표현이에요. 식사 준비를 돕는 것, 친구의 숙제를 도와주는 것, 할아버지와 할머니가 장을 보실 때 옆에서 짐을 들어 드리는 것 등등. 사소한 행동과 관심 하나하나가 삶을 아름답게 만들고, 상대에게 사랑 또는 우정을 표현하는 기회가 되지요.

선물을 주는 것도 사랑을 의미해요. 비싼 선물을 사지 않아도 돼요. 시 한 구절, 집에서 손수 만든 물건, 정원에서 가꾼 꽃을 꺾어다 주는 것만으로도 기쁨을 줄 수 있어요. 선물을 받은 사람은 그걸 볼 때마다 상대의 애정을 느낄 수 있지요.

생각을 톡(toc) 틔워 주고, 마음속에 담긴 이야기(talk)를 나눌 수 있는 책을 만듭니다.

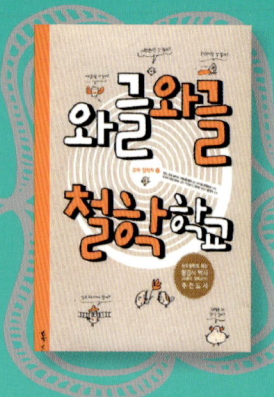

❶ 와글와글 철학학교
안느 소피 쉴라르 · 그웨나엘 불레 글 | 파스칼 르메트르 그림
강미란 옮김 | 오스카 브르니피에 철학 카운슬러 | 황경식 감수
124쪽 | 16,000원

생활 속에서 생겨나는 크고 작은 궁금증에 대한 답을 다각도로 생각하면서 능동적으로 찾을 수 있게 도와주는 어린이 철학 책. 실제 철학 수업을 받는 것처럼 스스로 질문하고 답하기를 가능하게 하는 역동적인 책 읽기를 경험하게 한다.

★경기도 학교도서관 사서협의회 추천
★한국출판문화산업진흥원 청소년 권장도서
★한국간행물윤리위원회 선정   ★한국철학회 황경식 박사 추천

❷ 장애란 뭘까?
엘렌 드 레스니데르 · 소피 보르데-프티옹 글 | 엘리자 라제 그림
배형은 옮김 | 서천석 감수 | 80쪽 | 14,000원

정말 궁금하지만 쉽게 알 수 없었던 장애에 대한 질문들로 나와 다른 사람에 대한 진정한 이해와 존중을 깨닫게 하고 열린 마음과 깊이 있는 철학적 사고의 기초를 세워 준다.

★행복한아이연구소 서천석 소장 추천
★국립중앙도서관 소리책 나눔터 기부도서
★한국아동문학인협회 추천   ★으뜸책 선정
★경향신문 추천   ★한겨레신문 추천   ★아침독서신문 추천

❸ 삶과 죽음에 대한 커다란 책
실비 보시에 글 | 상드라 푸아로 셰리프 그림
배형은 옮김 | 성태용 감수 | 76쪽 | 14,000원

조금은 겁이 나고 무섭지만 너무너무 궁금하고 꼭 알고 싶은 여러 가지 물음을 통해 삶과 죽음의 의미를 되새기고 스스로 세상에 물음표를 붙여 나가며 자기만의 철학적 사고를 시작하게 도와준다.

★한국철학회 성태용 회장 추천   ★아침독서신문 추천

❹ 난 왼손잡이야. 그게 어때서?
미셸 피크말 글 | 자크 아장 그림 | 양진희 옮김
국제앰네스티 한국지부 감수 | 68쪽 | 14,000원

오랜 인류 역사 속에서 늘 존재해 왔지만, 늘 없는 존재처럼 부정당해 왔던 소수자 중 하나인 왼손잡이에 대한 책. 왼손잡이가 받는 차별을 다양한 사례를 통해 보여 주고, 왼손잡이와 오른손잡이가 서로의 다름을 인정하고 평화롭게 공존할 수 있는 방법을 제시한다.

★국제앰네스티 한국지부 추천   ★아침독서신문 추천

자기 주도적 생각의 시작
철학톡

자기 주도적인 삶을 시작하는 초등학생 어린이를 위해 우리 삶과 사회의 문제들을 깊이 고민해 볼 수 있도록 다양한 생각거리를 제공해 주는 시리즈입니다.

❺ 나는 불평등이 싫어!
카트린 르뷔펠·소피 보르데-프티용 글 | 로젠 브레카르 그림
이희정 옮김 | 이봉주 감수 | 64쪽 | 12,000원

사람들은 왜 저마다 사는 방식이 다른지, 왜 누구는 부유하고 누구는 가난에 허덕이는지 등 어린이의 눈으로는 이해하기 어려운 세상의 부조리와 그 원인들을 따뜻하고 정의로운 시선으로 차근차근 이야기해 준다.

★ 으뜸책 선정

❻ 가족이란 뭘까?
스테판 클레르제·소피 보르데 글 | 클로트카 그림
허보미 옮김 | 허보미 감수 | 76쪽 | 12,000원

가족에 관한 아이들의 질문에 아동정신의학 박사님이 답한 내용을 알차게 담았다. 아이들 마음에 깊이 와 닿는 답변들로, '가족'을 제대로 이해하고 가족 구성원으로서 바람직한 태도를 갖춰 가는 데 올바른 안내서가 되어 준다.

★ 으뜸책 선정

❼ 노숙인 인권학교
그자비에 에마뉘엘리·소피 보르데 글 | 레미 사이아르 그림
배형은 옮김 | 노명우 감수 | 76쪽 | 12,000원

우리 주변에서 쉽게 마주칠 수 있는 노숙인에 대한 이야기를 담았다. 노숙인은 어떤 사람들이며, 왜 노숙인이 되는지, 노숙인을 어떻게 대해야 하는지 등 어린이들이 궁금해하는 노숙인에 대한 물음을 전문가 선생님과 함께 그 답을 찾아본다. 그러면서 소외받으며 사는 사람들을 따뜻한 눈길로 보듬는 법을 함께 고민하게 한다.

★ 서울시 교육청 추천

❽ 두근두근 사랑 수업
세르지 에페즈·플로랑스 로테-글라제 글 | 엠마뉘엘 테이라스 그림
전혜영 옮김 | 조한혜정 감수 | 72쪽 | 12,000원

궁금하지만 누군가에게 물어보기에는 왠지 쑥스러운 사랑에 대한 알쏭달쏭한 궁금증을 하나하나 풀어 간다. 아이들이 삶을 살아가는 데 사랑을 잘 다스리며 더 넓고 깊고 행복하게 사랑할 수 있도록 도와준다.

★ 철학톡은 계속 출간됩니다.